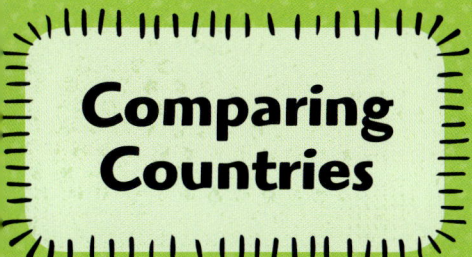

Comparing Countries

Towns and Villages

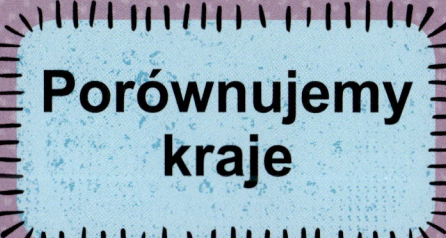

Porównujemy kraje

Miasta i wsie

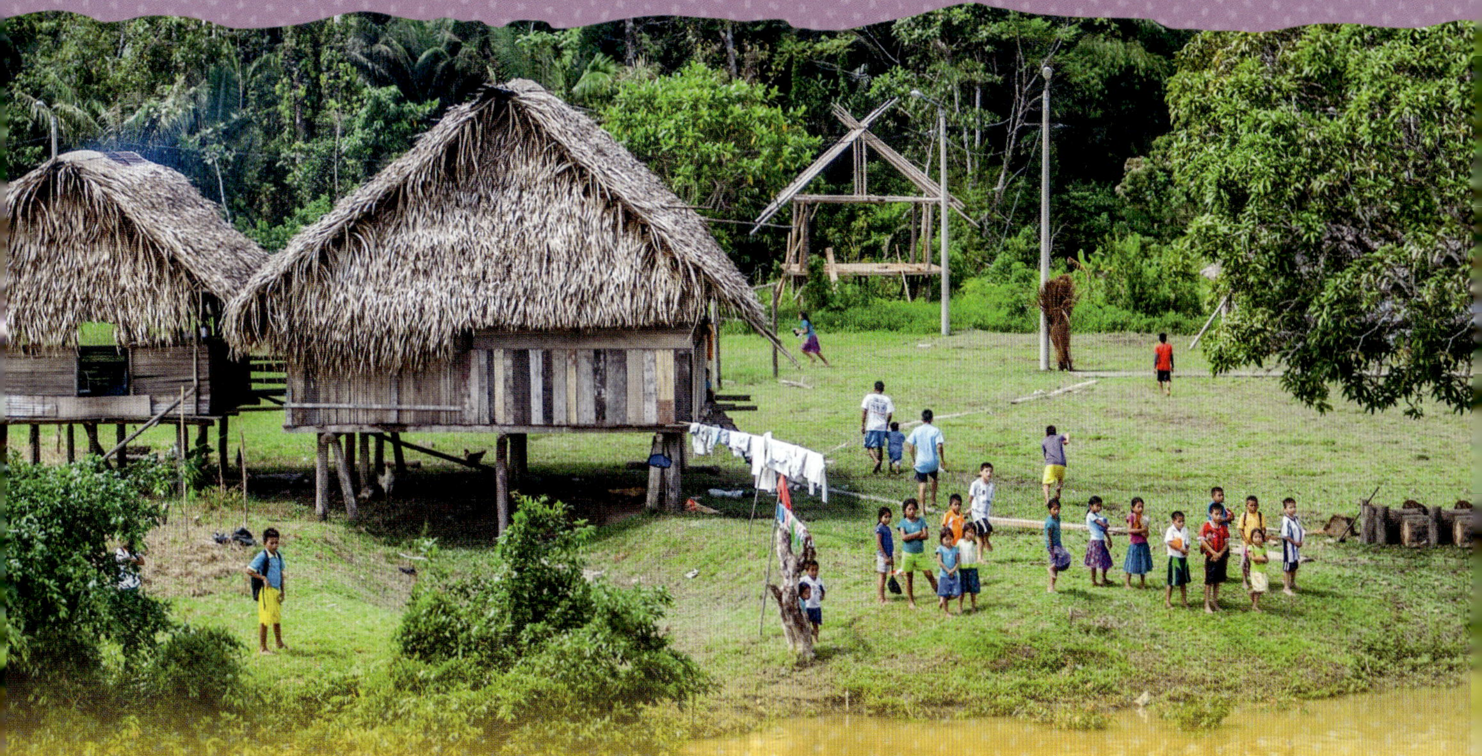

Sabrina Crewe

translated into Polish by Anna Nurkowska

W
FRANKLIN WATTS
LONDON • SYDNEY

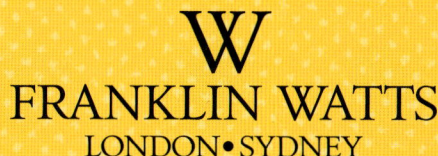

Franklin Watts
First published in Great Britain in 2018 by The Watts Publishing Group

Copyright © The Watts Publishing Group 2018

All rights reserved.

Page layout: Keith Williams
Illustration: Stefan Chabluk
Produced by Discovery Books Limited

The publisher would like to thank the following for permission to reproduce their pictures: 1000 Words/Shutterstock 22; Al-Jazeera English 21; Asia Travel/Shutterstock 13; Igor Bulgarin/Shutterstock 24; Chiosphotographer/Shutterstock 11; Cowardlion /Shutterstock 25; Mikael Damkier/Shutterstock 8; DKSStyle/Shutterstock 9; Hauke Dressler/LOOK Photos/Alamy Stock Photo 17; Alexander Erdbeer/Shutterstock 4; ESB Professional/Shutterstock 26; Michal Fludra/NurPhoto/Getty Images 20; Anton Ivanov/Shutterstock 6; Joyfull/Shutterstock 15; Michal Knitl/Shutterstock 27; Miguel Medina/AFP/ Getty Images 14; Indranil Mukherjee/AFP/Getty Images 16; Naihei/Shutterstock 12; Eric Nathan/Getty Images front cover (bottom), 23; Pakhnyushchy/Shutterstock 28; Quick Shot/Shutterstock 19; Matyas Rehak/Shutterstock front cover (top), 10; Sakaret/Shutterstock 29; Omar Torres/AFP/Getty Images 18; View Apart/Shutterstock 5; Anton Vergun/TASS/Getty Images 7.

Every attempt has been made to clear copyright. Should there be any inadvertent omission please apply to the publisher for rectification.

ISBN 978 1 4451 6016 0

Printed in China

Franklin Watts
An imprint of
Hachette Children's Group
Part of The Watts Publishing Group
Carmelite House
50 Victoria Embankment
London EC4Y 0DZ

An Hachette UK company.
www.hachette.co.uk
www.franklinwatts.co.uk

All words in bold are explained in the glossary on pages 30-31.

Słowa oznaczone **pogrubioną czcionką** wyjaśniono w słowniczku na stronach 30-31.

Contents

From villages to cities	4
Village life	6
Town life	8
Capital cities	10
Connecting towns and villages	12
Getting around	14
Places to shop	16
Places to work	18
Places of worship	20
Outside spaces	22
Places to visit	24
At home	26
Amazing towns and villages	28
Glossary	30
Index	32

If you want to read this book in English, follow the green panels. If you want to read this book in Polish, follow the purple panels. Or you can read in both languages.

Spis treści

Od wiosek do miast	4
Życie na wsi	6
Życie w mieście	8
Stolice	10
Połączenie miast i wsi	12
Przemieszczanie się	14
Miejsca zakupów	16
Miejsca pracy	18
Miejsca kultu	20
Przestrzenie zewnętrzne	22
Miejsca warte odwiedzenia	24
W domu	26
Zadziwiające miasta i wsie	28
Słowniczek	30
Indeks	32

Jeśli chcesz przeczytać tę książkę po angielsku, czytaj tekst na zielonym tle. Jeśli chcesz przeczytać ją po polsku, czytaj tekst na fioletowym tle. Możesz też czytać ją w obydwu językach.

From villages to cities

In every country, there are **settlements** of all sizes. Some tiny villages are home to just a few people, while millions of people live in big towns called cities. Let's go around the world to compare towns, cities and villages.

DENMARK
The Faroe Islands are part of Denmark. Some villages there have fewer than 20 people living in them.

Od wiosek do miast

W każdym kraju są **osady** różnej wielkości. Niektóre małe wioski są domem dla zaledwie kilku osób, natomiast w dużych miastach mieszkają miliony ludzi. Udajmy się w podróż dookoła świata, by porównać miasteczka, miasta i wsie.

DANIA
Wyspy Owcze są częścią Danii. Niektóre tamtejsze wioski mają mniej niż 20 mieszkańców.

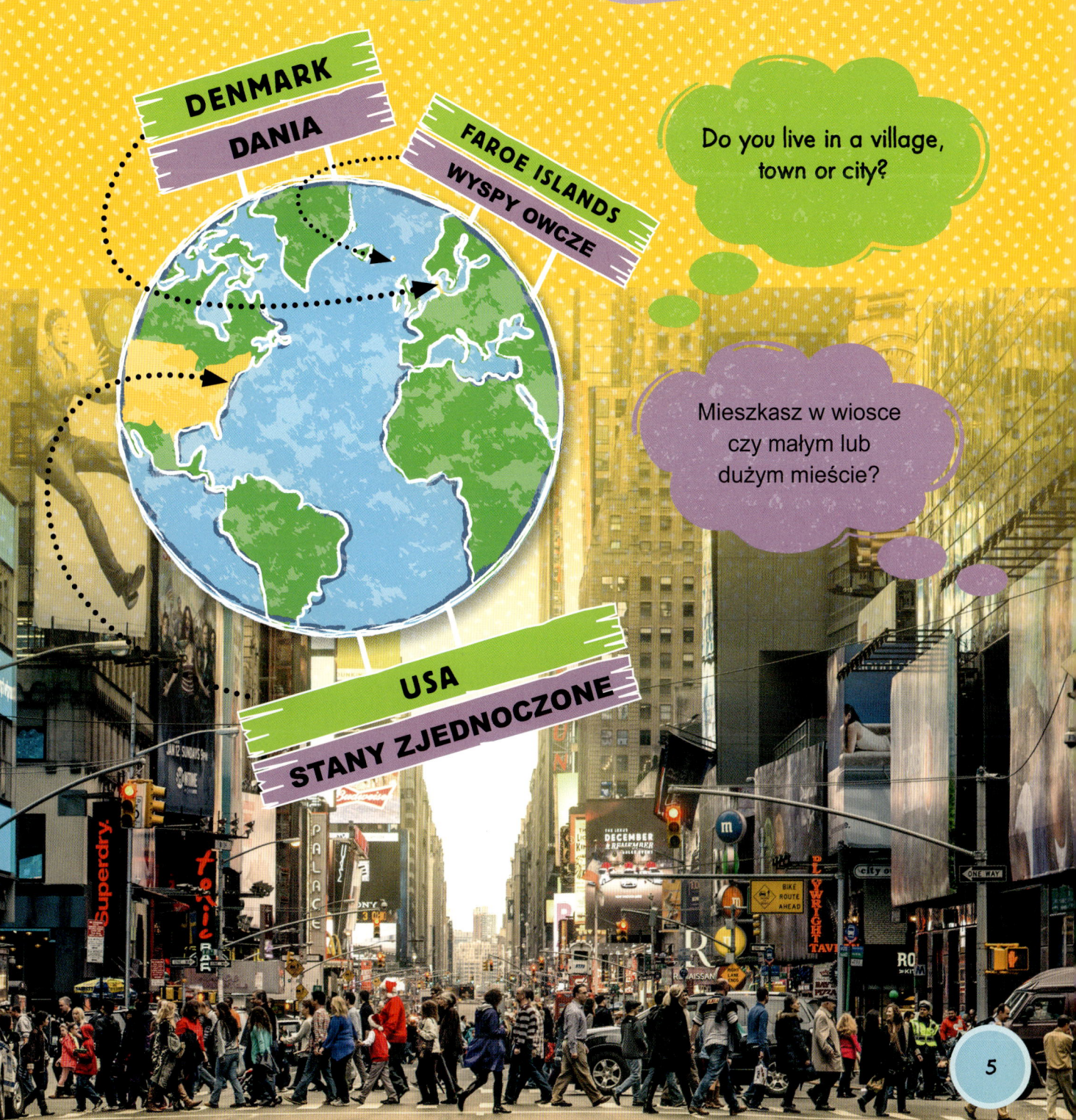

USA
New York is one of the world's biggest cities. Its streets are crowded and busy. About 8.5 million people live there.

STANY ZJEDNOCZONE
Nowy Jork to jedno z największych miast na świecie. Jego ulice są zatłoczone i ruchliwe. Mieszka tam około 8,5 miliona ludzi.

DENMARK
DANIA

FAROE ISLANDS
WYSPY OWCZE

USA
STANY ZJEDNOCZONE

Do you live in a village, town or city?

Mieszkasz w wiosce czy małym lub dużym mieście?

Village life

Villages are small **communities**. They are quieter and less crowded than towns. Some villages are found in **rural** areas, a long way from a city.

SENEGAL
Rural villages in Senegal often have houses made of straw. There are few cars, so children can play outside safely.

Życie na wsi

Wioski to małe **społeczności**. Są spokojniejsze i mniej zatłoczone niż miasta. Niektóre wioski znajdują się na obszarach **wiejskich**, z dala od dużego miasta.

SENEGAL
W Senegalu domy w wioskach często wykonane są ze słomy. Jest tam mało samochodów, a dzieci mogą bezpiecznie bawić się na zewnątrz.

RUSSIA
In villages, the whole community can come together for festivals. Many villages in Russia have folk festivals that celebrate their traditions.

ROSJA
W wioskach cała społeczność może spotykać się z okazji **festiwali**. W wielu wioskach w Rosji odbywają się festiwale folklorystyczne, które sławią ich **tradycje**.

RUSSIA
ROSJA

What is a community?
A community is a group of people who live near each other.

Co to jest społeczność?
Społeczność to grupa ludzi, którzy mieszkają blisko siebie.

SENEGAL
SENEGAL

Town life

Town life is often busier than life in a village. There are more people, cars and places to work. There is usually a lot of activity.

BRAZIL

Most towns have a business centre. The streets are busy with people shopping and going back and forth from work.

Życie w mieście

Życie w mieście często toczy się szybciej niż życie na wsi. Jest więcej ludzi, samochodów i miejsc pracy. Zazwyczaj dużo się tam dzieje.

BRAZYLIA

Większość miast ma centra biznesowe. Ulice są pełne ludzi, którzy robią zakupy, idą do pracy i z niej wracają.

GREECE

Town life includes many activities, such as fairs, concerts and games. People take part in sporting events, such as races.

GRECJA

Życie w mieście obejmuje wiele wydarzeń, takich jak targi, koncerty i zawody. Ludzie biorą udział w imprezach sportowych, takich jak wyścigi.

Capital cities

Capital cities are usually the biggest towns of all. A country's **government** is in the capital, which is often a centre for business and **culture**, too.

EGYPT

Cairo is the capital city of Egypt. People there are proud of their **ancient** culture and buildings.

What is a government?

A government is a group that leads a town or country. Governments make laws and look after public places.

Stolice

Stolice to zazwyczaj największe miasta ze wszystkich. W stolicy danego kraju siedzibę ma jego **rząd** i jest też ona często centrum biznesu i **kultury**.

EGIPT

Kair jest stolicą Egiptu. Jego mieszkańcy są dumni ze swojej **starożytnej** kultury i budynków.

Co to jest rząd?

Rząd to grupa, która kieruje miastem lub krajem. Rządy ustanawiają **prawa** i troszczą się o miejsca publiczne.

SOUTH KOREA

KOREA POŁUDNIOWA

EGYPT

EGIPT

SOUTH KOREA

Seoul is a modern capital with many new buildings. It is a centre for electronics and new **technology**.

KOREA POŁUDNIOWA

Seul to nowoczesna stolica z wieloma nowymi budynkami. To centrum elektroniki i nowych **technologii**.

Connecting towns and villages

Roads connect people in villages, towns and cities. Many settlements are near rivers, where bridges of all sizes connect them to other places.

PAKISTAN

In small villages with few cars, people often walk or cycle from one place to another. **Suspension bridges** allow them to cross rivers on foot.

Połączenie miast i wsi

Drogi łączą mieszkańców wsi, miasteczek i miast. Wiele osad znajduje się w pobliżu rzek, gdzie różnych rozmiarów mosty łączą je z innymi miejscami.

PAKISTAN

W małych wioskach, w których jest niewiele samochodów, ludzie często chodzą na piechotę lub jeżdżą na rowerze. **Mosty podwieszane** pozwalają im przechodzić przez rzeki na piechotę.

Getting around

People all around the world use public transport such as buses and trains to get around. They are important in different places for different reasons.

FRANCE
Below cities, fast underground trains transport millions of people every day. The Paris Metro is one of the world's busiest underground systems.

Przemieszczanie się

Ludzie na całym świecie przemieszczają się, korzystając z transportu publicznego, takiego jak autobusy i pociągi. Są one ważne w różnych miejscach z różnych powodów.

FRANCJA
Szybkie podziemne pociągi pod miastami przewożą miliony osób dziennie. Paryskie metro jest jednym z najruchliwszych na świecie systemów kolei podziemnej.

Places to shop

Everyone needs to buy food, whether they live in a tiny village or big, busy town.

INDIA

In big towns, people often shop in supermarkets. A supermarket is a huge shop selling all kinds of food. They sell fresh fruit and vegetables, snacks, biscuits and packaged foods, such as rice and spices.

Miejsca zakupów

Każdy potrzebuje kupować jedzenie, bez względu na to, czy mieszka w małej wiosce, czy w dużym, ruchliwym mieście.

INDIE

W dużych miastach ludzie często kupują w supermarketach. Supermarket to ogromny sklep sprzedający różne rodzaje jedzenia. Sprzedaje świeże owoce i warzywa, przekąski, ciastka i pakowaną żywność, taką jak ryż i przyprawy.

SPAIN

Street markets in towns and villages have lots of **stalls**. Stall owners sell things they have made or grown.

HISZPANIA

Na ulicznych targach w miasteczkach i wsiach jest wiele straganów. Właściciele **straganów** sprzedają to, co zrobili lub wyhodowali.

INDIA
INDIE

SPAIN
HISZPANIA

Places to work

Every day, people in towns and villages around the world go to work. Some work in offices while others work in shops. Many people make things at work.

MEXICO

Mexico has many **factories**, including car factories. People operate the machines that make car parts and put the parts together.

Making food

More people work in growing and producing food than at any other job in the world.

Miejsca pracy

Każdego dnia ludzie z miast i wsi na całym świecie idą do pracy. Niektórzy pracują w biurach, a inni w sklepach. Wielu ludzi wytwarza jakieś rzeczy w pracy.

MEKSYK

W Meksyku jest wiele **fabryk**, w tym fabryki samochodów. Ludzie obsługują maszyny, które wytwarzają części samochodowe, i składają części ze sobą.

Produkcja żywności

Przy hodowli i produkcji żywności pracuje więcej ludzi, niż w jakimkolwiek innym zawodzie na świecie.

MALI

MALI

MALI
People in villages without big factories or shops often work to make their own food. They grow millet and use big sticks to grind the seeds into flour.

MALI
Ludzie w wioskach bez dużych fabryk czy sklepów często pracują, by wyprodukować dla siebie jedzenie. Hodują **proso** i za pomocą dużych kijów mielą nasiona na mąkę.

MEXICO

MEKSYK

Places of worship

Miejsca kultu

Places of worship exist all around the world. Different countries and religions have different places of worship.

Miejsca kultu istnieją na całym świecie. Różne kraje i religie mają różne miejsca kultu.

POLAND

Most Polish villages have small Catholic churches. At Easter, children bring baskets of food to the church for the priest's traditional blessing.

POLSKA

W większości wiosek w Polsce są małe kościoły katolickie. W Wielkanoc dzieci zanoszą do kościoła koszyczki z jedzeniem na tradycyjne poświęcenie przez księdza.

POLAND

POLSKA

SAUDI ARABIA
Cities have big **mosques**, and the world's largest mosque is in Mecca. More than a million Muslims can **worship** there at one time.

SAUDI ARABIA

ARABIA SAUDYJSKA

ARABIA SAUDYJSKA
W miastach są duże **meczety**, a największy na świecie meczet jest w Mekce. Ponad milion muzułmanów jednocześnie może tam **oddawać hołd**.

Outside spaces

Outside spaces are good places for communities to get together. All towns and villages around the world have outside spaces for local people to enjoy.

BRITAIN

Many towns and villages have a green in the centre. These greens are traditionally places where people gather for events and entertainment.

Przestrzenie zewnętrzne

Przestrzenie zewnętrzne to dobre miejsca na spotkania społeczności. We wszystkich miastach i wsiach na całym świecie są przestrzenie zewnętrzne, którymi mogą cieszyć się lokalni mieszkańcy.

BRYTANIA

Wiele miast i wsi ma skwer w centrum. Tradycyjnie te skwery to miejsca, w których ludzie zbierają się z okazji wydarzeń i dla rozrywki.

BRITAIN

BRYTANIA

UNITED ARAB EMIRATES

Lots of people in Abu Dhabi live in tall buildings. They like to get outside and visit parks with playgrounds, trees and places to walk.

ZJEDNOCZONE EMIRATY ARABSKIE

W Abu Zabi wielu ludzi mieszka w wysokich budynkach. Lubią wychodzić i odwiedzać parki z placami zabaw, drzewami i ścieżkami spacerowymi.

UNITED ARAB EMIRATES

ZJEDNOCZONE EMIRATY ARABSKIE

Places to visit

There is always something to do in towns and villages. From parks to museums and theatres, you can find many places to visit and have fun.

UKRAINE

Large and small towns often have a youth theatre. Children love to watch and even take part in shows with music and dancing.

Miejsca warte odwiedzenia

W miastach i na wsiach zawsze jest co robić. Od parków po muzea i teatry — można tam znaleźć wiele miejsc wartych odwiedzenia i dobrze się bawić.

UKRAINA

W dużych i małych miastach często są teatry dla młodzieży. Dzieci uwielbiają oglądać przedstawienia z muzyką i tańcem, a nawet brać w nich udział.

JAPAN

Museums bring together objects for people to look at. Dinosaur **exhibits** are a favourite at the **National Museum of Nature and Science** in Tokyo.

JAPONIA

Muzea gromadzą przedmioty, które są oglądane przez ludzi. Największym powodzeniem cieszą się **eksponaty** dinozaurów w **Narodowym** Muzeum Przyrody i Nauki w Tokio.

UKRAINE
UKRAINA

JAPAN
JAPONIA

What is your favourite place to visit?

Jakie miejsce najbardziej lubisz odwiedzać?

At home

Whether you live in a tiny village or a big town, the most important place is home. Homes also come in many shapes and sizes!

CHINA

In cities with big **populations**, tall buildings can house hundreds of families. The busy city of Hong Kong is home to more than seven million people.

W domu

Czy mieszkasz w małej wiosce, czy w dużym mieście, najważniejszym miejscem jest dom. Domy też mają różne kształty i rozmiary!

CHINY

W miastach z dużą liczbą **ludności** wysokie budynki mogą pomieścić setki rodzin. Ruchliwe miasto Hong Kong jest domem dla ponad siedmiu milionów ludzi.

CHINA
CHINY

KYRGYZSTAN
The yurt homes of **nomads** are like big tents. Nomads move their yurt villages with them as they travel.

KIRGISTAN
Domy **nomadów** — jurty — przypominają duże namioty. Nomadzi zabierają ze sobą swoje jurtowe wioski, gdy podróżują.

KYRGYZSTAN
KIRGISTAN

Amazing towns and villages

Zadziwiające miasta i wsie

Let's look at some of the most unusual towns and villages around the world.

Przyjrzyjmy się niektórym z najbardziej niezwykłych miast i wsi na świecie.

PERU

The villages of Lake Titicaca are found on islands made of **reeds**. The villages float on the water, and people come and go by boat.

PERU

Na Jeziorze Titicaca wioski zakładane są na wyspach utworzonych z **trzciny**. Wioski unoszą się na wodzie, a ludzie przypływają do nich łodzią.

AUSTRALIA

One Central Park in Sydney has gardens growing on its towers! It is a **sustainable** building that **recycles** its water and produces its own **energy**.

AUSTRALIA

Na wieżach One Central Park w Sydney rosną ogrody! To korzystający ze źródeł **odnawialnych** budynek, który **uzdatnia** wodę i produkuje własną **energię**.

Sustainable towns

In the future, more and more people will live in towns. Governments are planning how to make towns and villages more sustainable.

Korzystające ze źródeł odnawialnych miasta

W przyszłości coraz więcej ludzi będzie mieszkać w miastach. Rządy zastanawiają się, jak sprawić, by miasta i wsie w większym stopniu korzystały z energii odnawialnej.

Glossary

ancient very old or from a time long ago

community a group of people who live near each other, such as people in a tribe, village or neighbourhood

culture a combination of beliefs and customs that belong to a particular group. It also means art, theatre, music, science, literature, language and other things achieved or created by people

energy usable power, such as electricity produced for heating and lighting

exhibit something on display in a public place

factory a building where things are manufactured (made), usually by machines

festival a celebration shared by lots of people that may happen every year

flyover a road that goes over other roads and intersections

government the group of leaders that makes decisions and laws for a country

law a rule that is made by a government and that everyone has to follow

millet a type of plant producing seeds that people can use for flour or cereal

mosque a place of worship, community, culture and learning for Muslims

national to do with a nation. A national museum, for example, is the main museum for a whole country

nomad a person who travels instead of living in a fixed spot. Many nomads move their homes when the seasons change

population the number of people living in a town, village, region or country

recycle to use something again instead of throwing it away

reed a type of tall grass that grows in wet places

rural to do with areas where there are farms or that are far away from large cities

settlement a place where people build houses and live

stall a booth or table at which people sell things

suspension bridge a bridge that hangs from strong cables instead of standing on supports

sustainable something that can last. In the case of developing towns and cities, sustainable means doing things in a way that protects resources for the future

technology scientific knowledge, processes or tools that people can use to do things – for example, the use of computers for work or learning

tradition something that people always do in the same way and may pass on to younger people in their family or community

vehicle things, such as cars, bicycles or lorries, used to transport people and objects

worship to show respect and devotion or pray to a god

Słowniczek

starożytny bardzo stary lub pochodzący z dawnych czasów

społeczność grupa ludzi, którzy mieszkają blisko siebie, jak np. członkowie plemienia, mieszkańcy wioski czy dzielnicy

kultura połączenie wierzeń i zwyczajów charakterystycznych dla określonej grupy. Oznacza również sztukę, teatr, muzykę, naukę, literaturę, język i inne rzeczy osiągnięte lub stworzone przez ludzi

energia użyteczna moc, jak np. elektryczność wytwarzana na potrzeby ogrzewania i oświetlenia

eksponat coś na wystawie w miejscu publicznym

fabryka budynek, w którym rzeczy są produkowane (wytwarzane), zazwyczaj przez maszyny

festiwal święto z udziałem wielu ludzi, które może odbywać się co roku

wiadukt droga przechodząca nad innymi drogami i skrzyżowaniami

rząd grupa przywódców podejmujących decyzje i ustanawiających prawa dla danego kraju

prawo zasada ustanawiana przez rząd, której wszyscy muszą przestrzegać

proso gatunek rośliny wytwarzającej nasiona, z których ludzie mogą robić mąkę lub płatki zbożowe

meczet miejsce kultu religijnego i spotkań społeczności lokalnej oraz ośrodek kultury i nauki dla muzułmanów

narodowy dotyczący narodu. Muzeum narodowe na przykład to najważniejsze muzeum w całym kraju

nomada osoba, która podróżuje, zamiast mieszkać w jednym miejscu na stałe. Wielu nomadów przenosi się wraz ze zmianą pór roku

ludność liczba osób mieszkających w mieście, wiosce, regionie lub kraju

uzdatniać wykorzystywać coś ponownie zamiast wyrzucać

trzcina rodzaj wysokiej trawy, która rośnie w podmokłych miejscach

wiejski odnoszący się do obszarów, na których są gospodarstwa rolne lub które są daleko od dużych miast

osada miejsce, gdzie ludzie budują domy i mieszkają

stragan budka lub stół, na którym ludzie sprzedają różne rzeczy

most podwieszany most, który wisi na mocnych linach zamiast stać na podporach

odnawialny taki, który może długo trwać. W wypadku rozwoju miast korzystanie z energii odnawialnej oznacza robienie rzeczy tak, by zachować zasoby na przyszłość

technologia wiedza naukowa, procesy lub narzędzia, które ludzie mogą wykorzystywać do wykonywania pewnych czynności — na przykład używanie komputerów do pracy lub nauki

tradycja coś, co ludzie robią zawsze w ten sam sposób i co może zostać przekazane młodszym osobom w rodzinie lub w społeczności

pojazd coś wykorzystywanego do transportu ludzi i przedmiotów, jak samochód, rower czy ciężarówka

oddawać hołd okazywać szacunek i oddanie lub modlić się do boga

Index

Abu Dhabi 23
Australia 29
Brazil 8, 9
Britain 22, 23
buses 15
business 8, 10
Cairo 10
capital cities 10, 11
cars 6, 12, 13, 18
China 26, 27
churches 20
communities 6, 7, 22
concerts 9
culture 10, 24, 25
Denmark 4, 5
Easter 20
Egypt 10, 11
entertainment 22, 24, 25
factories 18, 19
Faroe Islands 4, 5
food 16, 17, 18, 19
government 10, 29
Greece 9
festivals 7
France 14, 15
Hong Kong 26
houses and homes 6, 26, 27
India 18, 19
Japan 25
Kyrgyzstan 27
Lake Titicaca 28
Mali 19
markets 17
Mecca 21
Mexico 18, 19
mosques 21
museums 24, 25
New York City 5
New Zealand 13
nomads 27
open spaces 22, 23
Pakistan 12, 13
Paris 14
parks 23
Peru 28, 29
Philippines 15
places of worship 20, 21
Poland 20, 21
population
  of cities 5, 26
  of towns 8, 29
  of villages 4
public transport 14, 15
rivers 12
roads and bridges 12, 13
Russia 7
Saudi Arabia 21
Senegal 6, 7
Seoul 11
settlements 4, 12
shops and shopping 8, 15, 18, 19
South Korea 11
Spain 19
sports 9
sustainable towns 29
Sydney 29
technology 11
theatres 24
Tokyo 25
town life 8, 9
traditions 7
trains 14
Ukraine 24, 25
United Arab Emirates 23
USA 5
village life 6, 7, 15, 19
work 8, 15, 18, 19
yurts 27

Indeks

Abu Zabi 23
Arabia Saudyjska 21
Australia 29
autobusy 15
biznes 8, 10
Brazylia 8, 9
Brytania 22, 23
Chiny 26, 27
Dania 4, 5
domy 6, 26, 27
drogi i mosty 12, 13
Egipt 10, 11
fabryki 18, 19
festiwale 7
Filipiny 15
Francja 14, 15
Grecja 9
Hiszpania 19
Hong Kong 26
Indie 18, 19
Japonia 25
jedzenie 16, 17, 18, 19
Jezioro Titicaca 28
jurty 27
Kair 10
Kirgistan 27
koncerty 9
Korea Południowa 11
korzystające z energii odnawialnej miasta 29
kościoły 20
kultura 10, 24, 25
ludność
  miast 5, 26
  miasteczek 8, 29
  wsi 4
Mali 19
meczety 21
Mekka 21
Meksyk 18, 19
miejsca kultu 20, 21
muzea 24, 25
nomadowie 27
Nowa Zelandia 13
Nowy Jork 5
osady 4, 12
otwarte przestrzenie 22, 23
Pakistan 12, 13
parki 23
Paryż 14
Peru 28, 29
pociągi 14
Polska 20, 21
praca 8, 15, 18, 19
Rosja 7
rozrywka 22, 24, 25
rząd 10, 29
rzeki 12
samochody 6, 12, 13, 18
Senegal 6, 7
Seul 11
sklepy i zakupy 8, 15, 18, 19
społeczności 6, 7, 22
sporty 9
Stany Zjednoczone 5
stolice 10, 11
Sydney 29
targi 17
teatry 24
technologia 11
Tokio 25
tradycje 7
transport publiczny 14, 15
Ukraina 24, 25
Wielkanoc 20
Wyspy Owcze 4, 5
Zjednoczone Emiraty Arabskie 23
życie na wsi 6, 7, 15, 19
życie w mieście 8, 9

Kolejność haseł w polskim indeksie jest inna niż w indeksie angielskim.